Der Teemeister

Melchior Vischer

Alpha Editions

This edition published in 2022

ISBN : 9789356901261

Design and Setting By
Alpha Editions
www.alphaedis.com
Email - info@alphaedis.com

Der Teemeister

Melchior Vischer

»... Wahrlich!
Rikyu war einer unter tausend
unter den Teemeistern ...«

Okakura Kakuzo

HAUS BRANNTE, AUCH PAPIERNER Lampion fing Feuer, Nachthimmel war gar nicht so schwarz, eher bläulich, nun goss Rot von unten in gischtender Garbe hoch, Zikaden zirpten erwachend auf, ungeheuer leise, doch gleichwohl schrill für gläserne Ohren, verzweifelter Greis fiel zu Boden und weinte; auch die andern, bestürzt schauend, schienen dasselbe zu tun, währenddem mitten drinnen im sonderbar heulenden Brandesbad stilles Heldenschicksal sich schlicht vollzog, ohne dass Zuschauer dafür Zeugnis ablegen konnten; einfach und mit zwingender Notwendigkeit blühte das Grosse auf, denn auf schon lichterloh brennendem Tokonoma stand die alte Teeschale, unermesslich kostbar, mehr als tausend Jahre am Leben, fern von China hergekommen, aus ehrwürdiger Hand des grossen Lu Yü, stand sie und war in Gefahr; ein Stück seltenster Schönheit; wild kochte schon erste Flamme, ihr sehr nahe. Trotzdem knapp vor Tod, vergass er keinen Moment, sie in grösster Verehrung zu schätzen; heisser, immer noch heisser schritt Ende an, Verzweifelter sah um sich, kein Ausweg, Feuerring schloss präzis, liess keinen Auslug, dicht kroch Siedehitze am Boden, beleckte tastend Füsse, züngelte höher, Kimonosaum ward hell, da erfasste nun schon mutig gestellter Blick in aufschäumender Liebe die schöne Tasse, innig, ganz. Kehle von Verbrennungsqualm schon sehr umkrallt, schwankte er hin, griff das Porzellan, behutsam, kleines Seitenmesser beinah schon heiss, schnell gezückt, schnitt Bauch auf, Schmerz und Feuer stach Augen blind, dennoch tieferer Schnitt nun, gütig machten Eingeweide Platz, Tasse ward sicher eingebettet, tastend, gleichwohl mit aller Sorgfalt, Blut siedete schon, Haut legte sich schützend darüber, bedeckte abwehrend, erste Flamme frass, ein kurzer Laut, zerbissen in stürzendes Bambusgerüst geächzt, verging schwach, Feuer herrschte unentwegt bis zum Schluss: Weisse Blüte roch betäubend, streifender Kimono war purpurrot, Geflüster in Nähe beinah klagend, gepanzert schellender Tritt des Wächters draussen, Blick des Taiko war Zirkel, der stach wie Blitz, scharf, ganz glühendes Auge des Herrschers schwebte in warmer Luft, bis sich, was wahrnehmbaren Sinnen ferne lag, wirklich vollzog; denn er, Rikyu, der Teemeister, stand, erschüttert von eben ingeschautem Erlebnis, das ihn durchtobt, umbebt von Vision, die noch brodelte, schaute nun auf, hin zum Taiko, dessen eines Auge fiebernd im Raum zu schweben schien; und Ereignis, wunderbar, ward: Der Herrscher sprach auf einmal Sätze, fremdsam, aus Elfenbein geschnitzt, chinesisch verschnörkelt, Sätze, die er, Rikyu selbst, eben im Innern seiner Seele erlebte, erschaute; er konnte nicht sprechen, doch der Taiko sprach laut, was Traumland seines Hirns schön durchfuhr:

»Da fanden die Mönche, als jenes heilige einsame Haus zu Asche niedergebrannt und das Feuer verebbt war — die Sonnengöttin Amaterasu, erst erzürnt, ward nun milde und schenkte den suchenden bangen Mönchen, die eben die sechzig geweihten Chrysanthemen gebadet hatten, Richtung und Ziel, denn grenzenlos milde kann sein Amaterasu — sie fanden sofort unter spärlichen Brandresten noch spärlicheren Körperrest, gänzlich verkohlt, Leib des unglücklichen stummen Bruders, von dessen ewiger Tat, ewiger Meister würdig, sie noch nichts wussten, sonst hätten sie alle ihre Gewänder zerrissen und nackt zu den Sternen frohlockt; doch die Sterne waren nicht rein, nicht hell, nicht glänzend, die Sterne standen blass und fern, um lauen Himmel, der nicht mehr schwarz; nur Blutkruste war pechschwarz, und verriet noch nichts. Und das war gut, langsam musste die Frucht reifen in ihrem Herzen, damit sie bereit wurden zu letzter Erkenntnis. Es war ein verkohlter Leichenrest, weiter nicht seltsam, nur traurig anzusehen. Da standen sie lange erst stumm, dann legten sie ihn auf eine Bahre, trugen ihn durch Gärten, die erst bitter, hernach süss dufteten, langsam dem morgendämmernden Himmel zu; Blumen, Kelche geöffnet, neigten sich zu Boden, tief und gross, als der Zug vorüberging, Paradiesvögel sangen, ein Kumabär weinte auf sein Fell herab, leichter Ostwind brachte Regen, in dem erste Sonnenstrahlen sich spielten, zerstreute Steine, scheinbar nutzlos, kollerten beiseite. So ehrten offensichtlich leblose Dinge, gute Tiere, scheue Blumen, betaute Pflanzen, den Märtyrerleichnam, den ahnungslose Mönche trugen, so wusste alle Natur schon, was Menschen, in Trauer getaucht, noch nicht wussten. Als sie ruhten, die beinernen Rosenkränze, geweiht von Schaka, nach althergebrachter Weise unablässig drehten, und unterdessen brandleichige Bahre im hohen geknickten Gras versunken stand, da flogen sehr grosse Bienen herbei, noch nie hatte einer solche Bienen gesehn, auf Erden, noch nie, karminrot waren ihre Flügel, dämmerblau ihre Leiber, meergrün ihre Augen, die unendlich fern leuchteten — es könnten vom Stich ihres Blicks alle Spiegel der Welt zerschellen, Lügner würden schon ausgedachte Lüge im Mund als Wahrheit hervorstossen — flogen herbei, einen traumhaften Glockenschlag lang, der silbern hell vom gefächerten Turm alter Pagode weltvergessen herüberklang, ward Sonnenlicht verfinstert, nun zum zweitenmal Morgendämmerung mit schnell folgendem Tageslicht von Sonnenglut, südlich, umrahmt — Flügelschlagen war sehr leise — sassen auf dem Leib, in geraden Linien, Wellen, befehlendes Zeichen »AKERU« stand mit Spitze bauchzu, so geschrieben; die Mönche, aus betäubter Überraschung eilend, lasen das Zeichen ab, zähneplärrend, doch nach den Gesetzen des heiligen Kanon, sagten einmütig: ÖFFNEN, sehr hoffnungsvoll, nahes Wunder erahnend. Weiss ward es vor ihren Augen, dann wie früher, Bienen waren weg, frischer Leib der Bahre, irgendwie verklärt und verändert, heischte. Im Bewusstsein der soeben erhaltenen Offenbarung liessen sie Scheu, hatten auch keinen Ekel vor umkrustetem, brandgeschändetem Körper, tasteten erhöhten Bauch ab, fühlten jetzt, erst jetzt, der Leib schien gesegneten Zustands, fuhren beiseit, fielen zu Boden: Schwarz in Blut und Eingeweide gefasst, Edelstein, ruhte die Tasse. Die solches geschaut, zerrissen ihre Kimonos, indes ihnen die Augen übergingen: Auferstanden die Teeschale, die schon im Nichts geruht, von den Toten! Seltsam kehrt sich um Natur, schnellt in Bogen, stösst an zu Parabel: Schoss des Weibes war taub, Schoss aller Weiber güst, einen Lichtblitz nur, rasend kurz, wo Blut springt zu Blut: Zum ersten Mal ward ein Mann auf Erden befruchtet, in jenem furchtbar ewigen Augenblick, der so deutlich schnitt, Zeugender war Feuersglut, von Auge gesehn, von Haut gefühlt, wohltuender Beistand beim einzigen, sich niemals wiederholenden Akt, Bewusstsein der Schönheit, sprang einer, ein Mann, für alle Frauen sündig tändelnder Erde in die Bresche und ward ganz Schoss. Nicht kennst du seinen Namen, Zeugnis legte ab nur die namenlose Tat. Die Weiber wachten auf, alles war wie vordem, Natur schien nicht verändert. Und die schmerzliche, von einem Manne beschämte Allmutter Amaterasu schickte einen glühenden Sonnenstrahl als Sühne, gleichsam, der sich vor dem toten Retter der Tasse — trotzdem er tot, schien sein Leib von eben getaner Geburt erschöpft zu sein — ehrerbietig verneigte, ihn dann mit Glut umgebend umfloss, so die männliche Mutter der Erde entzog: Die Tasse blieb, nicht ungebärdig schreiend wie sonst frischgeborne Kinder, war still, gut und schön. Der glückliche Gebärer der Schale, in lauem Mondlicht gebadet, in kühlem Aether getrocknet, zur Gestalt erhoben, ging ein in die Gefilde der Segnenden, sieht auf uns in grösster Milde, in grösstem Verzeihen: die Schale, der Kelch auferstanden von den Toten, wiedergeboren durch ihn, und unter uns wohnend. Wie glücklich wir! Gruss dir und Dank Sonnengöttin Amaterasu, mehr noch Dank dir, grosser Unbekannter, der du in verzehrender Stunde Mutter warst!«

Der Taiko hatte geendet und lauschte verzückt seinen Worten nach, sie vergassen, dass der mit sehr milder Stimme eben gesprochen, härtester Zwingherr war, triefend von Macht, gepanzert mit Gewalt, das alles schien er jetzt nicht, sah eher geheimnisvoll kränklich aus, matt seine Rechte über purpurne Stütze des Thrones hingegossen, fast edel, und in Angst aufzublicken. Rikyu lächelte kühl. Satz nach Satz des nun ausruhenden Sprechers war von ihm gewesen, stille Einflüsterung von ihm zum Taiko hinüber, dessen Zunge gehorcht hatte. Leise strich glatte Hand am Kimonosaum hinunter, in einer sehr gemessenen Linie, diese unscheinbare Bewegung sprach, befahl, denn plötzlich fielen die sorgfältig geschnitzten Ebenholzstatuen der zweitausenddreihundertzweiunddreissig Götter und Göttinnen, reihum an Wänden des Kronsaals auf Gesims gestellt, mit einem geradezu einzigen Krach herunter. Entsetzen pfiff, grausamer Pfeil, durch Aller Körper. Rikyu hatte doch nur Saum, irgend einen zufälligen Saum, leicht berührt, wilde Hunde heulten, von rostroten Schächern erpicht gehetzt, plötzlich keuchend und mäjestätsverachtend quer durchs Gemach, die leichten Matten, so kostbar, flogen empor, Papierwände wankten gross, in letzter Angst suchten alle, auch der Taiko — oh die vielen Gewänder, gelb, blau, rot, violett, schwarz, grün, grün, teegrün, Gesicht, ach so steinern ruhiges Gesicht des Teemeisters, der nun tief gebückt stand, plötzlich, und sich wunderte, gewiss, gewiss! er hatte doch nur bunten Saum seines einfarbigen Gewandes leicht berührt, die Tasse war schon lange auferstanden, ruhte bei ihm in seltnem Kenzankästchen und beschützte sein Haus — der Lärm im Raum ward tobender, sie gesteten, die feierlich gefalteten Staatskleider waren ungehörig verwalkt, verbogen, unsteif, der erste Minister kugelte auf dem Boden, ganzer Estrich war Erdbeben, die Pose des Narren frechte lästernd, der Meister fühlte nur, dass um ihn Lärm sein müsse, hören konnte er nichts, alles so delikat gefährlich, verrückt, wie in schiefen Träumen, aber er konnte seine Hände in Unschuld waschen, Unsinn des Lebens klebte ihm auf merklich dörrender Zunge, Gelächtergebärde streifte ihn, dicht, ganz nahe, doch Ton war unhörbar, verging wie die Zeichnung eines Schlages, in rasch fliessendes Bachwasser hineingetan. Er hatte die unwirklichen Bienen gesehn, dort ist einer in der Menge, sicherlich, der den guten selbstlosen Kumabär, heute erst geboren, Fell so kaninchenhaft weich, mild, Krallen noch nicht lebend, daher geradezu samten, sicher erschlagen hatte, ohne zu wissen, warum, warum schwebte über allen das Wort Warum wie eine böse giftaussprühende Schale, die opalen zwar, doch furchtbar, ja, warum tötet man gute Tiere, warum? — doch die Tasse lebte, und das gab Gegenwärtigem einen ganz bestimmten, beglückenden Schnitt, der Kelch, neiget euch alle vor dem Kelch, alle, alle, alle müsst ihr Diener sein der grossen einzigen Teeschale, die eine Welt regiert, besser als du, finstrer Taiko, die Welt, es muss ja Getöse unhörbar sein, es muss, der Porzellankelch ruht fern, darf nicht von Lärm geweckt, aus seinem so schön unsinnigen Sinnen gestört werden, neues Wunder einer wunderlosen Welt, einer entwunderten Erde, Getöse ohne Klang von Getöse, nur Schatten, Gespenst, Bild von Getöse, nur Schatten, Gespenst, Bild von Getöse, sichtbare Bewegung, Laut aber erstorben, geschleudert ins Nichts, ins böse Nichts, dann in zwingender Folge kommt Gelächter ohne

Geräusch, oh Lust zu sein! oh Unlust zu leben! das war nur ein noch unbekannter Schrei im Innern, irgendwo, ohne hervorbrechenden Schall, nein, so schlug er die Arme hoch, erst vors Gesicht, dann vor sich weg in den Raum, gar nicht demütig, und vor allem frech gegen Zeremoniell verstossend, sprach Rikyu sehr gelassen: »Er war im beginnenden und schliessend geschlossenem Kreise mein Vater!« und giftgrüner, eben auf ihn fallender Blick des Taiko verblich, ebenso ohne Geräusch, ganzer Raum war wie früher, er aber, er, Rikyu, hatte Leben, stark donnerndes Leben ohne Donner, seines ersten und ihm zunächst stehenden Ahnen, klein, trotzdem schlicht, doch das mit grossen Weiten, bei sich, auf stiller Insel, umtost vom Kreislauf des Blutes, in Nähe erst jetzt geborenen Herzens, das aufgeschäumt war, soeben erlebt.

Nun wieder sprach der Taiko Belangloses, Herrschergemässes, Antworten der Minister waren noch nichtiger, plätscherten unnützes Bachgemurmel, als Rikyu furchtbar erschrak: Traum des Lebens lautlos barst, Wirkliches verletzte, Worte des Mannes dort waren kreischend, dröhnten stärker als Glockengeläut, da drehte der Teemeister ganzes Antlitz zum Thron hin, warum war Geräusch noch immer nicht getötet, so darf Leben nicht mehr sein, Geräusch ist Tod, Gott, der auf ewig, der Geräusch, auch geringst leisesten Laut, nicht mehr hört, nun sprach er mit sicheren Lippen einen Satz, schwer wie Bleigewicht, alle im Raum, selbst der Taiko, waren an seinen Mund gekettet, fest, unerbittlich, kein Ton ward hörbar, obwohl sie alle Gesichter genau ihm zugekehrt hatten, sämtliche Anwesende und ganzer Raum ein Gesicht, das zusehends grösser werdender Frage glich. Sein Mund redete, doch nur Schweigen schnellte über Zuhörer hin und legte sich schwer auf oberflächliches Bewusstsein: So furchtbar war der Satz, den er aussprach, den er schon gesprochen, leicht bewegte sich sein Gewand, er neigte sein Haupt, tief, fast allzu tief, dass es schon bald als nicht geringer Hohn klang wider den Taiko, dem ansetzendes Gelächter, sehr steil und erschrocken auf halb lächelnder, jetzt gespenstig erstarrter Miene stehen geblieben, sanfte Sandalen waren wiederum lautlos, oh seltsames Gemach, oh furchtbar, zu wissen, dass zwischen seinem Blick und dem des vielleicht jetzt gerade ungnädigen Herrschers ein Ozean strömte, nicht zu fassen für die Menschheit, nur für ihn, Ozean mit so fernen Weiten, dass jede Parabel sich schloss, Ferne zu Ferne stossend Nähe werden konnte, und sicher zwingend bei ihm Nähe ward, Raum, auch Raumleere ist eins, ist in ihm, Welt flutet durch sein Herz, Kontrapunkt des Kosmos, lauter Sturm ist die Welt, stiller Sturm sein Herz, verschwistert der zarten Porzellanschale, so trat er, Gottheit über sein Haupt als Gloriole getürmt, in den Stich der Sonnenhitze hinaus, dass blauglänzende Wächter Schweiss vergassen, zu Boden fielen, Knirschen junger Zähne in weissen feinen Sand hineinbargen. Einsame Ebene, gross, horizontgeschwängert, sang eine dünne Melodie, selbst lockender Schlag der Wachteln war nicht zu hören, nun fiel dicht vor seinen Augen ein Spinnwebnetz nieder, vom Himmel zum Nordpunkt, bedeckte ganz seine Pupillen, oder war es nur von Zweig zu Zweig zufälligen Kirschbaums gespannt, da sah er nicht, da hörte er, so laut, so stark, den wilden Ozean brausen, kochen, wirbeln, alles anströmte zu mächtiger Rhapsodie und war doch durch hauchzarte, regenbogenfarben schimmernde Spinnwebzeichnung einzig dies zu sehn, still, kolossal, schneebedeckte Majestät: Fuji.

Ob man dort oben an seinem Gipfel wohl Fische fangen könnte, meinte irgend ein Widerhall auf eine alte, früher schon vor Jahren gestellte, seitdem aber längst vergessene Frage in irgend einer Kammer seines Kopfes, der Fujiyama säulte steil und unbedenklich in die Höh, Erdbeben war vor einem Jahrtausend Grund seiner Geburt, smaragdgrüner Glockenturm, von Jade und Glas gebaut, fiel, nur eine Spinne ward unter scharfen Trümmern erschlagen, Netz riss: Orkan brüllte um seine Ohren, so war fern der allmächtige Fuji zu schauen, da schwebte Rikyu zu Boden nieder, küsste das Moos, denn er wollte noch nicht schauen wie die Schale hoch über dem Bergkoloss leuchtete, beherrschend sichtbare und unsichtbare Welt, Taifune brandeten an, zerschellten am dünnen Glast des alten Porzellans, das sorgfältig chinesisch, Brausen voll Licht, Brausen voll Luft, Brausen voll Wasser war, wesenlos, doch mächtige Pferdeschar, auf der sie herausschwebte und an sein ein wenig erhitztes Hirn leichte Kühle warf. Schon umschwirrte ihn wieder sicherliches Geschrei knallig bunter enger Gasse. Obwohl er durch arg eilende Menge schritt, vernahm er doch nicht irgend einen Ton, bizarres Schemen war so Strasse, Platz, lungensüchtiges Schemen die kuliumdrängte Sänfte, die dahersegelte, ziemlich aufrecht, wie schwarzweisse Wildgans auf gekräuselter Woge des Iwaresees, da hielten sie an, Mond schien ganz sicher irgendwo vom Himmel, trotzdem Mittag, Sonne, Hitze beinah die elegant gekrümmten Säbel glühend schmolz, als durch ovale Oeffnung sehr bleiches Frauenantlitz — Augen so schief mandelförmig standen, dass eben gewiss ein blasser Mond Tagesfirmament beherrschen musste, ja auch die hohlen Kelche der Blumen könnten, betaut, geschlossen sein, ein Schatten ist gestorben — nun auf ihn blickte, mit schlanker Hand einen überaus bestimmten Wink gab, doch er, im selben Augenblick wissend, dass im Kronsaal Missgünstige ihn beim Taiko hämisch verleumdeten, sagte: »Ich bin der Ozean. Eine neue Blume erfand ich soeben, in dieser Sekunde«, doch nur die Bewegung der Lippen war wesentlich, sonst war nichts, vor allem kein Laut, gleichwohl trug er selten geformte Blüte in Hand, mit unhörbarem Wehruf sank die Schöne in Sänfte rück, Seidenvorhang, türkisblau, sternbespritzt, schloss, Erdboden roch frisch nach grünem Blut, vom Tempel wehte das staatliche Sonnenbanner, unten stritten zwei fette Bonzen, ein jeder Kind einer andern Weisheit, der eine kreischte formelhaft: »Der Wind gibt der Fahne solch leichten Fluss und Schwung«, der andre stülpte auf ihn wieherndes Gekrächz: »Sie bewegt sich selbst und bewegt hiemit den Wind. Verneige dich, Tropf, und glaube das Wunder, das noch sichtbar deinen blöden Augen, morgen vielleicht kann das Schauspiel, selten und erhaben zugleich, nur ich bloss schauen, übermorgen dann vielleicht auch ich nicht mehr!« damit er aber schon vom andern eine rasche Ohrfeige erhielt, das alles schien jedoch nur zu sein, um ihn, dort stürzte der Edelsteinhändler hinterrücks um, Genick gebrochen, eine Maultrommel war vor einen Marktwagen gespannt, der mit Kürbissen hochgeschwängert fuhr, und doch von allem kein Ton, nichts, lächelnd trat er also in das Singhaus, sass neben der Geischa, sah Gesang, sah Kichern, sah Saitenspiel auf mattem Koto, schlürfte schlechten Cha aus gewöhnlicher Schale, auf dem kleinen Teespiegel neue Blumenblüte schwamm, ward an die ferne stille grosse Königin allen Porzellans erinnert, lief, die Windenblüte in der Hand fest haltend, jetzt krampfte er sie weit von sich in Luft, die nebenan, vergewaltigter Zweig dazu stach in der andern Hand, beging schon heimatlichen Kies, sie soll Winde heissen, sie ist eine Winde, krummgebückter Diener hielt ihm einen Krug Essig hin, schnell trank er ihn leer — oh dass doch die Wesenheit des Kruges, jeden Gefässes der leere Raum immer ist — so betrat er nun den Vorraum zum Gemach der bald nahen Zeremonie, wo seine Freunde schon warteten. Ein wenig Schweiss wischte er sich noch von der Stirn. Leise Angst hatten die Freunde im Blick, als einer von ihnen fragte: »Meister, wo warst du so lang? Wir haben grosse Stunden auf dich gewartet, oftmals ist die Sonne auf-, der Mond untergegangen, der Mond empor-, die Sonne herabgestiegen, vierzigmal ist das geschehn, wir aber, obwohl wir nicht wussten Tag noch Stunde, wannen du kommen wirst, haben gewacht, es war Zeit, dass du kamst, siehst du nicht, wie Streit ist, wenn du nicht hier?« alle schauten, noch war letzte Frage nicht zu Ende gesprochen, auf einmal nach links, entgegengesetzt dem Ort, wo er gerade überrascht stand, papierne Wand rollte unhörsam beiseit: wilder Garten mit kleinem Weiher war Bild, zwei unendlich dummschlau aussehende Tölpel standen da, ganz hokusayisch gefügt, wie aus dem Yehon schenjimon geschnitten, ein Pfau, kostbar bunt, quirlte Räder, gross, sich durch die Zwei dazwischenschiebend, stelzte sehr selbstbewusst vor ihnen, der eine lachte wie Gong, das geborsten, allerdings, trieb verfettete Hände meckernd über seinen Bauch hin, so frech, dass der andre, wütend und neidisch, Zuruf ihm hinwarf wie madigen Speck: »Sohn eines Aases, was plärrst du wie eine schmutzige Messingpfanne, auf der Reisbrei verbrennt, Tropf, Tolpatsch, Tor?« »Laotse scheint nicht dein Vater zu sein, auch nicht Jimmo, du Enkel einer räudigen Fliege, siehst du nicht, dass ich mich freue, weil sich der Pfau so fröhlich freut?« hielt erster zur Antwort hin, sprudelte unablässig schallendes Gelächter. — »König aller Dummköpfe Asiens, du bist kein Pfau, wie kannst du, eingetrocknetes Kolibrihirn, wissen, ob der Vogel sich freut?« — schlug der andere entgegen und ward ganz zu unzüchtiger Geste. »Hühnerphilosoph, du bist nicht ich, wie willst du also, bekoteter unnützer Ringelschwanz du eines Schweins, wissen, wieso ich nicht weiss, dass der Pfau sich freut?« der Gegner. — Unterdessen war der Pfau ihm, der doch von seiner Freude — wie harmlos ist eine Pfauenfreude — so genau wusste, ganz nahe gekommen, fauchte tückisch, vergiftend glühten böse Augen, zornig türmte er Gefieder auf, suchte mit Schnabel, spitz, geschliffen, nach der einen menschlichen Hand zu hacken, unausgesetzt, da liefen beide Streiter aufheulend, jedoch unzweifelhaft mutig weg, verschwanden im weiten Schnee der Blüten, Rikyu riss rasche Geste, stirnumwölkt, ungeduldig, alles war wieder so gewöhnlich, denn er sah und hörte, hörte, hörte, alles war Trug gewesen mit der Geräuschlosigkeit des Lebens, warum ist Natur nicht aus der Welt zu schaffen, warum verfolgen die Gesetze, einfach und klar, ständig ihn, warum fiel Mond nicht auf Sonne, beide hernach, Mond und Sonne zugleich auf Erde, er würde sicher dann Weltgefüge knirschen hören, ein Sprung auf spiegelglatter Wölbung grenzenloser Sphäre wär erquickliche Labung, und alles wäre gut, doch so hörte er wieder, hörte: »Meister, wir dachten, die Tasse sei krank, und so haben wir sie besucht, sie war gefangen gewesen in dem Lackkästchen, und wir haben sie herausgenommen, sie war nackt anzusehn, und wir haben sie mit dem zitronengelben Seidenschleier behangen. Wir konnten jedoch den Tee nicht bereiten, nur du kannst über die Schale gebieten. Nun bist du da, Meister, wir sind froh, dass du endlich bei uns bist«, solche Worte verwirbelten in der Luft, die vom Garten schwer einströmte wie gesegnete Frau, er hörte — entsagungsvoll hatte er Widerstand gegen Geräusche aufgegeben — sich wie aus sehr weiter Ferne sprechen, und zwar diese Worte: »Was ihr meinem Kelch getan habt, habt ihr mir getan«, einiges Glück rauschte in den Augen der Freunde hoch, wenn auch vergehend, kurz, nochmals warf er eine beherrschte Geste, die aus ihm unbewusst dunkel trieb, Wand glitt auf Rillen zu, legte sich wie traumene Mauer schützend vor Sicht seines verklärten Blicks, sehr viele Hände hoben sich beschwörend, machten das Gemach weithin gestreckter, lauschender, fielen dann wieder jäh und schlaff herab, neigten Köpfe, auch Rikyu liess langsam sein Haupt sinken: der Taiko hatte Besuch angesagt, so war er schon im Raum, hielt die Hand lass an seiner Brust und war sehr ernst.

Da Rikyu wusste, dass sein wertvollstes Gut in seiner Abwesenheit von Freunden so sorglich umbangt gewesen, trat eine gewisse Wärme in seinen Blick, mit dem er den Taiko nun bewillkommte. Sommertag war, Geruch von Lilien floss ein, der Blumenordner, als graziöse Silhouette im offnen Türrahmen zu sehn, beschnitt mit kleinem Messer die Stengel grosser Blattpflanzen, soeben brachte er wunderbar erlesene Blüten mit einer winzigen Säge — erinnernd an überraschendes Taschenspielerkunststück, war das Instrument auf einmal in seiner Hand — zu Fall, niemand schien die vielen Todesschreie der Blumen zu hören, nur er, Rikyu, den sonst sehenswerten Garten mit beleidigend eilendem Blick streifend, hörte das für gewöhnliches Ohr unhörbare Geschrei der Gefolterten und langsam Sterbenden, überirdisch leise war Todesmelodie, vergehender blumener Schwanengesang: Duft, unendlich süss, hielt Luft gefangen, fest drückte er an seine Brust, wo neue Blume gesichert verborgen, war, unter Gewandbausch, der Taiko, auf einmal der Taiko, nickte ihm freundlich, doch merkbar ungeduldig zu, er besann sich, hielt ein kleines Lächeln, unbestimmbar, es konnte ebenso Ja wie Nein bedeuten, oder auch etwas ganz Fernes, das gewiss kaum hergehörte, wenigstens schien es bis jetzt unbekannt, ausdrücken, zu allem bereit über Gesicht gelagert, zugleicherzeit machte seine Rechte förmlichen Ansatz zu einer Handbewegung, die im selben Augenblick mit seinem Mund sagte: »Wollest du bedankt sein, grossmächtiger Herrscher, dass du zu mir Unwürdigen gekommen bist, möge dir mein dürftiges Dach nicht zu gering erscheinen, gib diesem schmutzigen Ort mit deiner herrlichen Anwesenheit die Gottesweihe, ich wage, dich ergeben zu begrüssen«, so liess er den Taiko vorausgehn, sie folgten, alle die andern, er zuletzt, äusserste Schiebewand schwebte weg, Teeraum lag in grösster Schönheit da, wie Oase in eintönige Wüste, erfrischend, erhaben, stumm grüssten bang Eintretende die unsymmetrische Stätte ganz ungeheuer künstlerischen Leerseins, die sie doch schon so oft geschaut und die immer wieder noch abwechselnd Unfassbares bei jedem erneuten Betreten den Sinnen brachte. Entlebt standen sie da, kurzen Moment bloss, in tiefem Schweigen, nur des Teemeisters Augen schienen heller zu werden, zu leuchten, er war gegenwärtig der Einzige, der lebte, im vollsten Bewusstsein, der Taiko, eigentlich störend in den Raum stossend, ungelenk, für dieses Gemach, übrigens auch für nipponsches Verhältnis viel zu gross, bei weitem, wusste wohl, dass dies alles etwas zu bedeuten hatte, ebenso auch, dass es Würde des Herrschers erheische, die bestimmten Zeremonien des Tees inne zu haben, die er ja eigentlich schon genug oft eingeübt hatte, sah nun aber — wahrscheinlich presste ihn in innerster Selbstkritik dieser Mangel schwer: die Erkenntnis nicht voll genommen zu werden — beinah blöd aus, was die andern, die im stärksten Geniessen der stillen Messe, im verzückten Verharren waren, weiheschändrisch unliebsam erweckte, was noch stärker ward, als sehr ungehaltnes, schier verletztes Gefühl alle Teejünger umschlich, als er, da er der Herrscher ist, hat er wohl das Recht, laut in die Hände klatschte und mit ungefüger Stimme die Aufwartung befahl. Jetzt sahn sie auch, dass der Taiko Harmonie gegenwärtiger und noch kommender Handlung gäh durchrissen, denn alle hatten leicht grünliche Gewänder, die zu dem lichten Gelb der Wände und zu dem etwas schmutzigern der Matten sehr verwandt schienen, nur er trug einen roten Kimono, einen purpurroten, das war ein Misston, schroff und entschieden. Rikyu stellte unter einem zum Taiko hinüberzielenden, beinah liebenswürdigen Lächeln fest: das ist eine Blasfemie, ungeheuer frevlerisch, es ist eine noch nie erhörte und erschaute Gotteslästerung gegen die Schale.

Nur gut, dass sie im sorgfältig geschreinten kleinen Lackschranke lebte, verdeckt, und nicht jene Missachtung sehn konnte. Nun ward ihm auch unumstössliche Gewissheit, dass jener rohe Bauch dort drüben, jener Mann ohne Tee in sich, obwohl er mit schrecklicher Macht über Mensch, Tier, Land, Luft, Wasser gegürtet war, nie und nimmer dieses blau und rot leuchtende Erlebnis, das jenes, jetzt unermesslich hassenswerter, wulstiger Mund vor kurzem in Worte gelegt schön von sich gegeben, allein hätte schauen können, nur weil er damals im Raum, war diese merkwürdige Strahlung für einen Moment von ihm ausser Acht gelassen, auf jenen Unwürdigen gestürzt, das ärgerte Rikyu sehr, jetzt, sein Blick wurde boshaft, schief, und suchte von unten den Taiko zu treffen, der in einer ganz plötzlichen Aufwallung Hass bei dem Teemeister fühlte, infolgedessen, irgendwie in Trotz, ironisch und stolz, sein Haupt zurückwarf.

Rikyu hielt Lippen hart, fest gehemmt, die verdeckten: auf den blanken Zähnen darunter stand unerbittlich der Satz: Der Taiko muss sterben. Wer wider meinen Kelch ist, der steht wider mich! Dies tönte schrankenlos laut, immer und immer wieder, durch seinen Körper, der äusserlich jedoch, stark beherrscht, nichts verriet. Eher wurden jetzt seine Augen freundlich, wie sich seine Miene glättete, grosse Erkenntnis strömte: Dem Todfeind muss man mit überschwemmender Leere, die undurchforschbar, begegnen, in dieses Vakuum muss der Widersacher hineinstürzen, ferne Grenzen, sie würden schliessen, der Wehrlose wäre ihm ausgeliefert wie das Wasser, welches in die Leere der Kanne fliesst, dann gefangen ist, genau so, die Leere ist das Furchtbarste auf der Welt, das Gefährlichste, wer sie als Waffe verwenden kann, ist der Mächtigste der Mächtigen. Der Taiko wird mittels Leere gefesselt werden, was dann mit ihm zu tun sei, überlegte er jetzt noch nicht, doch wusste er das eine, dass bei heutiger Teezeremonie jene Schale, die durch des Taikos anstössiges Gewand beleidigt, nicht zu gebrauchen sei: So ward sie vorenthalten. Auch der Tee war gewöhnlich, grün, die Blätter derb wie eingekerbte Falten der Juchtenstiefel tschungusischer Barbaren, beim Einwerfen in das eiserne, mit einer leichten Patina belegte Kochgefäss, fühlten sie sich an wie vertrocknete Apfelschalen, im Wasser alsbald entfaltet, zogen sie dunkeln Wolkenfetzen gleichend hin, verquollen schon im Dampf voller Unkontur, nun trank man und sprach nichts.

Stille.

Rikyu erschaute aus den Wölkchen über des Taiko Tasse dessen nicht allzufernes Geschick, das tödlich, doch gerecht sich darinnen, in dem scheinbar ganz zufälligen Gewirbel — das vom Schalenrand pyramidenförmig in die satte Luft, so ins Unsichtbare verflüchtend, anstieg — als Vision voraussagte. Das machte seine Bewegungen, nebensächliche Gesten freier, Sinn und Miene nahezu heiter. Als in gewissem, auf einen Höhepunkt hinzielenden Augenblick die Freunde sein Auge suchten, bittend um Beantwortung der einen Frage, warum er dem hohen Gast nur eine gewöhnliche Porzellanschale gereicht, ohne Alter, ohne Herkunft, da lächelte er sehr fein, mit einem geradezu gütigen Nebenton, tat schlicht unauffallender Stimme diese Worte kund: »Ich schaue dies: Eine kleine Weile, und mein Kelch wird vergangen sein; und wieder eine kleine Weile, und mein Kelch wird abermals erscheinen«, gläsern flog sein Blick jetzt ins Weite, dann sprach er nach Atempause ganz leise zu sich letzten Satz schmerzlich beglückend nochmals mit einer geringen Veränderung: »Und ihr werdet mich nicht mehr sehn.«

Die Freunde, obzwar nicht wissend, was des Teemeisters seltsame Rede bedeute, mussten doch eine Ahnung fühlen, da sie auf einmal alle verstohlen zu dem Taiko hinsahn. Der kotzte Gelächter.

Robuste Lachwellen brachen sich an den papiernen Wänden, machten diese fluten, keiner aus der Teegruppe fragte, warum denn der Taiko so wiehere, alle behielten ernsten Blick und straff nüchterne Gebärden, nur leises Knistern vergewaltigten Papiers der Raumgrenzen war anklagender Hinweis auf des Herrschers frech frevlerischen Lärm, so wollte der Gekrönte sich entschuldigen: »Es fiel mir plötzlich possierliche Geschichte meiner tartarischen Amme ein, die von dem chinesischen lustigen Kaiser, der immer viel und scharmant gelacht hat; am meisten darüber, dass alle um ihn herum starben. Nur er konnte nicht sterben. Darüber war er voll Übermut, der also niemals starb, weil er nie gelebt hat, deshalb hat er, und ich gegenwärtig mich seiner erinnernd, soviel gelacht!«

Rikyu, über den anwesenden sich selbst unterhaltenden hohen Gast brüsk hinwegsehend, zog dreimal mit der Linken Kreise in die Luft, letzter Teil der Zeremonie, zischte den Satz, der sonst das Gemach nahezu göttlich vergoldete, ohne Scheu hervor: »Ich bin der Tee des Lebens! Ihr habt davon genossen, ich danke euch.«

Dann standen sie alle auf, auch der Taiko war dazu gezwungen, Rikyu tat eine schlichte Verbeugung, hernach alle, nun der Taiko erst zum Teemeister, dann zu den andern hin, draussen schlugen drei unschön dröhnende Gongs, man schritt aus, Garten war gebreitet wie kleiner See, Wogen von Duft und Blüten gingen hoch, winzige Silberglöckchen sangen von den Zweigen, harmonisch von sachtem Wind gestreichelt, damit alle Vögel, auch die des Himmels, gescheucht würden und nicht auf ihrer Nahrungssuche die guten Blüten töten könnten, vor jeder grösseren Blume stand ein sorgfältig gekleideter Diener, gelb, wischte mit einer weichen Bürste aus Schwanenflaum ungehörigen Staub vorsichtig von den Blättern ab, darüber verwunderte sich der Herrscher — Zartheit ist Fürsten immer verwunderlich und nach ihrem Sinne zu verwerfen — dies steigerte sich aber bis zu verblüffter Starrheit, als eine Kapelle von zwanzig Künstlern mit den verschiedensten Instrumenten eine unbegreiflich melodiöse Musik zu spielen begann, den Blumen zu Ehren, damit sie, die sonst ohne Feste zu leben gezwungen waren, sich daran ergötzen konnten, das begriff der Taiko, zwischen Lachen und Stirnrunzeln schwankend, nicht, zum Ende gewann Finsterzucken über Gesicht Oberhand, denn ein Marmorstein war mitten im Beet aufgerichtet, mit Zeichen versehn, die der Fürst nicht zu lesen vermochte, das ist Amt des Aktenverlesers, der aber heute im Gefolge fehlte, dreihundert Stockhiebe auf die vergesslichen Sohlen, nun stiess sein scheeler Blick wieder an, den merkwürdigen Stein: »Es ist das Denkmal zur Erinnerung an eine schöne Blume, die der Teemeister sehr geliebt,« suchte Stimme eines Gunstbuhlers zu erklären, schneller schritt der Taiko aus, Kies knirschte gell unter seinen festen Tritten. Er wollte zerstören, töten, das war fester Entschluss, gleichgültig was! Da sonnte sich eine Zikade auf gelblicher Sandhelle des Pfades, rasch hob der plötzlich Zornviolette, hochmütig siegesbewussten Herrscherblick zu Rikyu hinwerfend, den rechten Fuss und liess ihn mit Wucht auf das winzige Tier niedersausen, im selben Augenblick brüllte ein Tiger von fern. Hohnlachend liess der Taiko sein Auge wartend auf dem Teemeister haften, dessen Gesichtsmuskel nicht im mindesten aufzuckten, nichts verratend, als er ohne Betonung fragte: »Hast du das Brüllen des Raubtiers gehört?« Auf seinen Zähnen, die von hart zusammengebissenen Lippen wiederum verbaut waren, stand abermals in heimlicher Abgeschiedenheit, nunmehr in blutiger Geschrift, furchtbarer Satz, der unabänderlich auf immer: Der Taiko muss sterben! Denn jetzt war der grausam hingerichtete Leib der vor kurzem noch so fröhlichen Zikade missgestalt zu Brei zerdrückt zu sehn; schwere Last wie ungeheures Eisengewicht lag atemberaubend auf mitleidiger Herzgrube Rikyus.

Ein wenig Unwillen war doch schon blass eingekerbt in die glattseinwollende Stirnebene, als er nochmals mit Stimme, merklich bebend, den Grausamen fragte: »Hast du das Brüllen des Tigers gehört, mit dem nachfolgenden schwachen Schrei? Könnte das Raubtier nicht dein Kind, unwissend spielend mit Goldperlen und Erdbeeren im Walde, zerrissen haben?«

Da lief der Taiko, gespreizte Arme in verzweifelten Wind wirbelnd, stampfend weg, so dass sein Gefolge ihm kaum nachkommen konnte. Rikyu blieb versäult stehn, Kinn fiel tief auf Dach seiner Brust herab, sinnend, dachte Pyramiden, während die Jünger ihn wartend umkreisten, Sonnenblumen, anseit des Weges ragend, schienen grösser zu sein als sie. Mitten vom rasend rauschenden Leben der Blumen und Bäume umwogt, kam er selbst wieder zu Leben, als einer von seinen Schülern nun Antwort bat auf dies: »Meister, ganzen Hergang der Handlung, so undenkbar, verstanden wir nicht, weil uns das alles sich wie ohne Geschehn darbot.«

Masslos milde klang seine Stimme und klar: »Der Sturm in der Teeschale ist furchtbarer als der auf dem Meere, dies ist der Grundsatz und Tee meines Lebens, das allem Leben zuströmt. Liebe Freunde, hinter jeder Handlung, hinter jeder Erscheinung verbirgt sich Vorgang des Vorgangs, Erscheinung der Erscheinung. Ein Augenaufschlag von Blick zu Blick schöpft mehr Geschehen als tobend schreiende Schlacht von sechzig Tagen. Lasst eure Blicke kreisen: Tod ist nicht der Tod, irgendwo ward er schon vorher getötet, Leben ist nicht das Leben, irgendwo ward es schon vorher gelebt, vorherbestimmend unter der Fläche. Es gibt keinen Zufall, ein Gesetz aber ist. Ihr seht nur die Wirkung, ich aber schaue im ewigen Wechsel des unsterblichen Tao den Grund. Mir ward gegeben, Höchstes zu gewinnen: Ich schuf aus mir selbst einen leeren Raum, in den ich, allmächtig, allumfassend, was irden ist, zwingen kann. Der Taiko trug entgegen Vorschrift ein purpurrotes Gewand, der Taiko zertrat die schuldlose Zikade, deren Tod ich lange vor der Tat erschaute. Ich sehe das Schicksal des Taiko schon vollzogen, unerbittlich, nicht aufzuhalten, Freunde, der hell glänzende gläserne Sand zu Füssen des Wegs sticht eure Augen. Nicht der Kies leuchtet, die Sonne ist grelle Fackel, fern und hinter euerm Rücken. Ewig ist der Duft der Blüten, versuchet mich nicht wieder, merket nur das Eine: Ich habe viele Stürme in der Schale erlebt. Der Blumengeruch ist stark und satt, lasst uns ihn atmen!«

Da es schon langsam Abend geworden, verliessen sie ihn, der still vor dem kleinen Hause stand und vom Wald herüber den Tiger rufen hörte.

Eine Weile blieb er so.

Dann er durch Zähne hell hineinpfiff in den dunkeln Odem, den ihm reifende Nacht schwer entgegenkeuchte, jähen Laut.

Drüben und fern erstarb Gebrüll.

Einsame Stille stieg an sein Knie.

Natur schien ohne Blutschlag.

Nun ein dumpf kurzes Tappen, wie wenn ein Stück gerundetes Blei auf üppigen Samt fällt, dann ein Zischen, doch immer noch weit, zwei Leuchtkugeln am Gartenhorizont, die jetzt hochfuhren, näher in einem schief zur Erde sausenden Wurf gedoppelt pfeilten, durch Sprung kühl gewordene Luft prallte an Rikyus Wangen, mit vergähnendem Knurrlaut lag der Tiger horsam zu seinen Füssen, prankenstill, ruhig, gut.

Zwingende Hand drückte Schnauze in den Sand zum Ruch, wo Ausdünstung robuster Fusspuren des Taiko sicher noch über dem Weg lag, schnell gehende Nüstern sogen gierig, Hand liess nach, glühendes Augenpaar suchte Blick des Herrn, aus dessen gespitztem Mund ein langer, lind züngelnder Rollpfiff sprang, dem schrilles Wort nachschnellte: »Tod!«

Warmes Zittern floss durch Nachtwind: Der Tiger hatte seinen Rachen weit aufgerissen, nun schloss er ihn wieder, Augen grellten vor Feuer, leckte ergeben treuer Zunge den vorgestemmten Fuss des Meisters, satzte dann, eine Weile schönen wilden Kopf hin- und herschlagend, in einer geraden Richtung ab, verschwand im Bauch der Nacht, die schon alle Landschaft aufgefressen hatte.

Rikyu stand lange, regungslos, ohne die schwarze Kühle zu fühlen, die dichter und dichter ward und ihn, der Blick nach innen gerichtet, ganz umschwälte. Pfeil auf Pfeil durchzuckte sein Hirn, Herz aber ward nicht getroffen, langsam begann sein Körper licht zu werden, bis er vollends Licht geworden war, dass er kein Stück von Finsternis mehr hatte, und es war, wie wenn ein Licht mit hellem Blitz ihn erleuchte, und immer und immer wieder sagte er sich das vor, im Innern, acht zu haben, dass nicht das Licht in ihm wieder zur Finsternis werde, so hielt er die Hände weit weg vom Saum seines Kimonos, wollte an nichts mehr denken, an nichts. Endlich warf er seinen strahlend hellen Blick zum Himmel hoch, sah die grosse Kuppel sternlos, selbst die treue, die Ampel, sonst stets über schlafendem Garten hängend, war erloschen oder gar nicht entzündet, denn Mond war diese Nacht nicht.

Schwachen Seufzer zerkauend, ganzes Sinnen ohne Herz auf den Auftrag erfüllenden Tiger eingestellt, wandte er sich ab, trat durch finsteres Tor, zeniten über seinem Haupt sich wölbend — seltsam, früher war das doch karg schmale Tür bloss, jetzt, von nächtlichen Schatten umwittert, ähnelte sie dem Tor des rächenden Gesetzes im peinlichen Gerichtshause, im grauen, steingequaderten, und war Tor — ruhig ein, brannte einen Lampion an, schritt gemächlichen Gangs in letztes Gemach, in heiligen Raum, der roch nach Tee. Hinkauerte er sich vor dem Tokonoma auf die Matte, gebärdete Gebete vor sich weg in das Schweigen, das durch seins noch gesättigter ward. Dann erstarrte Antlitz, Körper, blieb so drei Stunden lang: Da war der Vater, der Sohn und der noch Kommende einer Ahnung, einer fremden Traumlandschaft. Nun sank Denken ein: Keine Gesichte ballten sich am windstill hingeneigten See seines Hirns, nichts schaute er, nichts fühlte er, nichts dachte er: Seele war weg, im farblosen Äther des Nicht-Seins. Ausserhalb Hauses schossen erwachende Geister Blicke durch mählich hinsinkende Nacht: Sterne aufschrien am Himmel, doch schwach, auch der Mond goss seltsam blasskühles Licht auf matten Traum des Gartens, alle Winde schliefen in der noch unsichtbaren Böschung, purpurnes Gewand zog als schemenhaft nächtlicher Wolkenschleier über den mondenen Tsuki hin, tropfend, von schwerem Nass: Blut könnte Vorahnung sein.

Drinnen erwachten Fingerspitzen, Hand, Arm, Brust, Kinn, Lippen, Lider, Augen, endlich ganzer Leib des Teemeisters aus glücklicher Starre, neigte dreimal Kopf zur Ahnenurne hin, richtete sich auf, glühte Feuer an, Eisentopf summte Wasser, mit schlichten reinen Händen ward heiliger Kelch dem Ruhort entnommen — die Schale! die Schale Lu Yüs, von Vernichtung errettet und wiedergeboren durch Vater, der Held: Mutter gewesen — sanft floss Tee, Tee seltenster Sorte, in sie, Lampion war müd geworden, aufdämmernder Morgen war frisch, leise ringelte sich Dampf über Porzellanrand hoch, Schnörkel voll Zeichen, die Rikyu nicht enträtseln wollte, plötzlich setzte er die Schale mundab, stieg auf, schritt zum Tokonoma, hob vom Boden entfallene Blumenblüte: Winde, gestern entdeckt, neue Blüte wurde von ihm inniglich begrüsst und in nächste Vase geborgen, dann eilte er wieder auf andere Seite des Raums, schemelte nieder, ergriff hutsam die Schale, führte sie zum Mund: Dampf schleuderte Bilder, entsetzenschwanger, die er sofort begriff: Tiger hetzte durch Nacht, durch Stadt, Soldaten am Tor des schwarzmarmornen Palastes zerriss er, durch! Gänge, Fliesen hinauf, hinunter, Eunuchen, schlaftrunken mit ungeschickten Säbeln schrillkeuchendem Eindringling Entgegenstürzende, hatten Mal, blutig und sechsfach so gross wie rubines Medaillon, schnell und unabwendbar am Hals sitzen, schon war kochender Atem im purpurnen Schlafgemach und siedete es heiss, Lefzen, nass sickernd von schrecklichem Tod, setzten an zu letzter krönender Tat: Dort der Taiko, stark und ekelhaft gereckt, war weinlächelnden Munds in Schlaf und Ahnungslosigkeit, unbewusst pochendes Herz, umtraumt, würde bewusst und wach nie mehr klopfen, Pranken ruhten, zitternd auf bald losschnellenden Hieb. Da erwachte die Geliebte des Fürsten, auf deren schlaff müden Schenkeln eingetrockneter verspritzter Samen des Taiko durch des Tigers siedenden Atem flüssig ward, nun auf der milden Haut des Weibes wie heisses Wasser brannte.

Erschreckt fuhr sie auf, letzte Traumfladen wichen sofort, sah den Brennpunkt von den glühenden Augen des Raubtiers und die Gefahr, ergriff laut schreiend den scharfen Dolch des Taiko — anseit der Ruhestatt friedsam liegend — und stürzte sich, selbst mitten im Schrei ganz Raubtier werdend, auf den Tiger, stach, stach, stach, ihre Brüste waren schon zerfetzt, als der Tiger noch immer kaum ernstlich verwundet schien, sie nochmals ausholte mit katzenhafter Tücke, aber grosses Katzenraubtier war tückischer, lohend in Wut Tatze schlug: Wo Liebesbucht ihres Leibs behaart, troff jetzt dunkelrotes Blut, in Tod sich verkrampfend hielt sie noch die grosse schöne weibliche Geste ihres Körpers und ihres Daseins auch im Sterben bereit, doch blutrünstiger Tiger krallte ihr sein Prankenschild schmerzvoll auf die Scham, dass ihr alles verging.

Nun, vom Getöse dieses ungleichen Kampfes erwacht, schrie der Taiko unglaublich laut, rückwärtige Wache, Männer, gepanzert, Kurzschwert gezückt, drangen ein, selbst stark verwundeter Tiger liess nach, sprang Weg zurück, den er gekommen: Teeschale war: So wusste Rikyu auch sein Ende, denn der Taiko, wohl zu mächtig, um die unsichtbaren Zusammenhänge zu erkennen, hatte desto mehr Spürsinn für sichtbare, auf der Oberfläche abspielende laute Ereignisse, ahnte daher sofort, woher plötzlicher Tiger, sich an das seltsame, fürs erste irrsinnig sich anhörende Gebaren des Teemeisters, als das Raubtier rief, sogleich erinnernd, dass dieser nicht von selbst in den Palast eingebrochen: Tiger brüllte draussen, einsam war das Haus, Rikyu stand auf, ging vor die Tür, hingekuschtes Tier drängte Blut an seine Füsse, er gab ihm streichelnde Hand und wusste nun. Dann lief der Tiger sehr langsam, fast matt weg, eine dunkle Spur auf den Kies hinter sich nachkerbend, und verschwand im Wald, der ihn mit gütiger Finsternis umschloss.

Der Garten mit allen erwachenden Blumen schwamm im jungen Meer aufschäumenden Morgenrots, das sich am Horizont an Berge gattete und Grate mit Blut benetzte.

Als erster Ostwind schon anstrich, hochmütig gebläht, ging er festen Schritts wieder ins Haus hinein, durch, zum Teeraum, setzte Gerät in Ordnung, zuletzt die Schale; sie nun in den kleinen Schrank zurückgebend, sagte er: »Ich ehre dich, hoher Kelch, und bin dir untertan. Nie war in dir schlechter Tee, immer war er erlesen und gut. Und dieser Tee war in mir und hat in mir gewohnt. Dein Tee ist auch jetzt in mir und erfüllet mich ganz, ich selbst bin der Tee des Lebens, das sich nicht bei mir, sondern vor oder auch nach meiner Leiblichkeit, irgendwo fern und unzeitlich vollzieht, vollzogen hat, vollziehen wird. Dein Tee lebt mich, und ich lebe deinen Tee: Das ist mein einziges Wissen. Ich liebe dich, denn du bist mehr als kostbares Porzellan, mehr als alt, du bist, obzwar aus Fernen stammend, Formung heimatlichen Gefühls, Formung heimatlichen Wesens, ja du bist heiliges Nihon selbst, und dazu paart sich letzte Macht: Du versinnbildlichst die Welt, alle Welt vom Aufgang bis zum Niedergang, du bist dem Uneingeweihten die kleine Bewegung, dein grosses Wirken aber ist die Welt um uns, über uns, in uns. Dank dir, Vater, der du Kelch und Welt zugleich gerettet hast, damit uns übrig bleibt, das grosse Werk zu vollenden. O Schale du, sei meinem Herzen gnädig und tu dich kund, so wird meine Seele heil!« Blasse Hand barg die Tasse in sandelholzduftendem Schrein, dann schritt er — wissend, dass die Drei die heilige Zahl sei, die alles, auch ihn beherrsche. Erst der Vater, der wunderzeugend Mutter ward der Porzellanschale, dann ist er, und er, welcher noch kommen wird, fern, unverheissen, steht noch nicht im Buche des Lebens, das überirdisch sichtbar liegt, zwar weiss die Schale noch nichts von ihm, aber er wird kommen, das göttliche Werk krönen, dumpf pochten dunkle Ahnungen an seine Schläfen, doch Hirnsee darunter schlief, und wieder fiel die Drei auf ihn herab: Mit dem Taiko geschah der erste Trunk, dann kam der, einsam, zusammen mit der Heiligen von Porzellan, das war sein Mahl am Vorabend des geahnten letzten Mahles mit den Freunden allen, ja, das wird das dritte sein, der Abschluss und die Vollendung bis zur nächsten Wiederkehr, hernach wird herrschen die Vier, die jener erwecken wird und erfüllen, der erst kommen soll, fern, wenn Sonne merklich kühler geworden, und Jahrtausend auf Jahrtausend für Menschen verglüht, die Vier der Auferstehung, und darum ihm noch fremd, vielleicht jetzt auch nahezu feind — von unirdischer Furcht geschüttelt hinaus, in den Garten, liess den warmen Sonnentau durch seine Finger gleiten, war den Blumen und ganzem Garten väterlicher Freund, lange wird er das leise Brausen nicht hören, die farbenperlende Augenmusik nicht mehr schauen, denn Kreissen erfüllte die Luft, schwanger von Rache, Bitternis und Erdentod.

Bald wird Gewitter niederbersten.

Auch guter Vorsatz, den Taiko töten zu wollen, der unbekanntes Gottsein geschmäht, fällt unter entherztes Richtbeil, das unerbittliches Gesetz des Traums furchtbar niedersausen lässt, in ewig gerechter Sühne; Traum ist Gesetz. Das Gesetz.

»Du hast vergessen deine Rache, Rikyu«, schrie eine Stimme irgendwo aus einer entlegenen Muskelfaser heraus ungebärdig im Innern des Teemeisters. Da liess er sein Haupt schwer, wie grösstes Gewicht bei Altarwage im Tempel der Gerechtigkeit und der Richter, sinken, weil er wusste, dass seine Rache nicht Blut sei, nicht Tod, dass seine Rache aber Furchtbarstes, auf Erden noch nie vollzogen, und dass er sie vollbringen sollte.

Dieser Gedanke fing sein Sinnen ein, wie ein Lasso, der von wildem Krieger geschnellt die junge Hirschkuh umstrickt, bis ein grosses Lächeln kam und sein ganzes Gesicht küsste. Da ward er heiter, vergass, was kommen musste, spielte mit allen Blumen, verneigte sich in Anbetung der Lilie, bedauerte, dass er vor dem Lotos des weisen Schaka nicht sich versinnen konnte, jetzt, denn seine Seele war nicht bereit dazu, hauchte der Chrysantheme einen bewundernden Gruss auf ihre Blüte, auf einmal schmerzlich vermissend, dass er nie eine Frau besessen, dass er, knapp vor dem Ende stehend, nicht wusste, was Liebe sei, doch da läuteten die kleinen Glocken, die silbernen, von den Kirschbäumen, der Kumabär kam und sah ihn an, Zikaden zirpten betörend, ewiges Grün war um ihn, höllisch wilde Wüstenpferde trabten draussen ausserhalb des Gartens auf Ebene, die fernem leuchtenden Licht entgegenschoss, so blickte er von Anhöhe um sich, gen Westen trotzten Mauern der Stadt zu nervösen Wolken empor, und Firmament war gross gewölbt, da entsprang Lächeln der Landschaft seines

Antlitzes, Abend war seine Miene, Haupt senkte sich, so schritt er hauszu, empfing den fürstlichen Boten, der ihm eine Kralle des Tigers als Kundschaft reichte vom Taiko: Tod.

Richtstätte zuckte auf, henkersrot, befehlender höchster Zuschauer und Vorsitzender der peinlichen Richter purpurrot.

Sein Haupt bejahte.

Da reichte ihm der Bote, einen formelhaften sehr höflichen Satz sprechend, zum Zeichen der Gnade des Herrschers den gelben Edelstein.

So schlug Rikyu seine Augen voll in die des Boten: Der Taiko, in unbegreiflicher Gnade, in unendlichem Verzeihen, in unausdenklicher Güte, liess ihn der königlichen Lust der Selbstentleibung teilhaft werden, der Taiko sei gepriesen.

Verklärt kreuzte der Teemeister die Hände über seine Brust, blieb so, den Blick ins Weite gegossen.

Wiehern des Pferdes galoppierte um den Boten, der hinter Gehügel verschwand.

Er stand und schaute sein Ende.

Allmutter Amaterasu warf, zum Zeichen der Trauer unter den Göttern, und auch zum Gruss, einen unerhört leuchtend schillernden Bogen — der alle Farben, harmonisch gereiht, harfte — über den Himmel hin, dass die Menschen sofort wussten: Einer von ihnen, bestimmt zur Einkehr in die Gefilde der Ewigen, gehe von hinnen. Ein unbekannter Gott stürzte Stürme in das Brausen aller Sphären und orgelte die grosse Orgel, die in gewaltigem Brüllen zitternd und gischtend auf den unendlich stillen Ozean niederschoss und ihn umfing.

Der Ozean kochte hoch, stieg zum Himmel und riss die Sonne herab — und Ozean war überall.

Als endlich still geworden alle Elemente, hörte man das leise Weinen Rikyus, der immer noch dort stand, wo er die Botschaft erhalten hatte, und stehn blieb, lange, bis zum Wunder ewigen Einverständnisses die Sonne finster ward und vor sich den Mond als Schild trug.

Und da waren schon die Freunde und Gefährten, zwölf waren gekommen, in den festlichen Gewändern, nicht grün, trauerfarben trugen sie jene, weiss waren die Kimonos, da breitete Rikyu ihnen die Hände entgegen und schwieg.

Er liess sie vorausgehn und folgte ihnen als Dreizehnter und Letzter, entlang dem Gartenpfade zum Teehaus, ungewöhnlich langsam schritten sie, alle vergegenwärtigten sich noch einmal tiefen Sinn schöner Zeremonie, den ihnen heute zum letzten Mal der Teemeister deuten sollte, auf immer wird dann Schönheit gestorben sein, Heimat wird dorren, immer wird Sonne schwarz, Himmel grau schauen, wenn er nicht mehr sein wird, so gingen sie auf dem Pfad, der, aus der schreiend bösen Welt führend, die erste Stufe zu dem wahren Teeopfer war, allmählicher Übergang zu innerer Erleuchtung.

Und deshalb schritten sie langsam. Schon grüsste der Eingang des Hauses, aus dem Weihrauch sacht hervorwolkte. Trotz Tageslichtes brannten links und rechts je eine Steinlaterne, und eine über der Tür, die nur drei Fuss hoch ging, dieses Gelicht war aber grau, herbstlicher Grabgesang im wollüstigen Schrei der Sonnenlandschaft, aber ja auch die Sonne war verfinstert, grau, und so hielten sie still. Drei von ihnen waren Samurais, entgürteten sich der Schwerter und legten sie unter den Sims des Daches: Frieden wohnt im Hause des Teemeisters. Dann traten sie alle ein. Als Letzter Rikyu.

Als sie im Hause verschwunden waren, liess der Mond von der Sonne ab und ging von ihr. Die Blumen hatten ihre Kelche geschlossen, und die Tiere waren verkrochen. Auch der ganze Himmel war krank und blass.

Im Vorraum warteten sie alle eine kleine Weile, sahen zu, wie der Meister das Teegerät kunstgerecht in Wasser abspülte, dann war Vorhalle weiter, und was noch als beschwerlich abzulegen war, legten sie ab.

Gefasst, und obwohl traurig, doch gehoben, schritten sie ein in den Teeraum, die Zwölf, Rikyu nicht, und verneigten sich vor dem Tokonoma. In der Vase stak in niegeschauter Anmut die Winde, umhauchte mit schlichtem Dufte den Lackschrein, der die kostbare Schale barg.

Dann kam Rikyu und stellte den Eisenkessel auf die dreibeinige Kohlenpfanne. Alle hockten im Kreise nieder, auf den Matten, dem Teemeister liessen sie den Ehrenplatz. Aus dem eckigen Krug schüttete er Quellwasser, hoch vom Gebirg, in den Kessel, gab ein wenig Salz bei, Blasebalg zischte Flamme an, Flamme züngelte unter Rund, Rikyus Augen waren still, erwartend die drei Grade des Kochens, schon stiegen kleine Blasen, als reckten hungrige Fische ihre Münder aus dem Teiche, nun rollten Kristallperlen, emsig, sie suchten mütterlichen Felsenbrunnen, die kleinen Silberstückchen, am Grunde des Kessels lose gelegen, wirbelten auf, tönten zugleich mit dem Summen des Wassers eine ganze Sinfonie: Katarakte tosten, Meer scholl auf, donnerte ans Gestade in verklingendem Brüllen, Brandung, bald stark, bald leise, barst an den Riffen, von denen alle Sturmschwalben entsetzt abflohen, Hochwald stand in ersterbendem Feuer sehr greiser Sonne, die Tannen, hochgelenkig wie koreanische Königstöchter, sausten zu Tal, begruben den Wildtöter, nun brausten Glocken, vom Tempel, von Pagode, vom Palast, Dreiklang erschlug die Schreie der Möven, Boote kehrten am Abend ermüdet heim, behangen mit vollen Fischnetzen, traurige Mutter, sie legte Ratsche und viele Steine, bunt und abgespült, auf kleines Grab kaum gelebten Kindes, damit der gute freundliche Gott Jizo mit ihm spielen könne, die Wächter an den eisernen Toren des Schlosses hielten stumm ihre bläulichen Speere, hinsank die unglücklich Liebende vor der Statue, der hilfsbereiten, allen Schmerz verstehenden Kwannon und weinte kleine Gebete, auf den Flüssen schwammen papierne Boote, gerieten jetzt in Flammen, zogen tanzend hinunter, meerzu, und vom Strand sah man hinaus, wie überall bis zum Horizont, in den Nachthimmel versickernd, die Boote der Toten brannten, ihnen zu Ehren, selig sind, die reinen Herzens sind, und wie von den Flüssen die sausenden Flammen ins Meer einströmten, gespenstisch, doch wunderbar schön, und mehr Flammen über Wasser noch wurden, und alles Meer ward, Meer und wieder Meer: Denn die Wogen im Kessel kochten wild, quirlten, schäumten: Dritter Grad war erreicht, Rikyu griff, während die andern noch versunken träumten, zur karminroten Lackbüchse, und der seltenste Tee, wohlriechend, von dem heiligen Uji-Distrikt bei Kioto, ganz weisser Tee entflockte seinen Fingern, schwebte ein in den Dampf des Wassers. Nun fielen sie zu Boden, küssten mit ihren Köpfen die Matten: Heilige Handlung vollzog sich, geheimnisvoll: Aus dem abgeschiedenen Schrein ward der Leib der Schale, blauschwarz, Porzellan, dünner als Glasur von einem sanften Hühnerei, genommen und allen zugewiesen.

Dann floss der liebliche Tee in sie.

Rikyu sass nun selbst still, nahm den Kelch, hob ihn hoch, segnete ihn, trank daraus, segnete ihn wieder, dankte ihnen, die im Teekreis sassen, reichte ihn nun dem Nächsten dar und sprach: »Trinket alle daraus!« Als die Schale einem jeden von ihnen die Zunge gefeuchtet, sie wiederum in seine Hand zurückgelangt war, füllte er sie von neuem, solche Worte schenkend: »Der Kelch ist mein Herz, der Tee ist mein Blut, welches vergossen wird für viele zur Vergeltung der Sünden!« damit goss er allen Inhalt auf die Matte, bogte nun neuerdings das schöne Getränk ein, reichte es reihum, es war die zweite Schale nach dem siebengefalteten Kanon, sie zerbricht die Einsamkeit, sie war leer getrunken, nun hielt er ihnen die dritte hin, die unfruchtbares Gedärm ausspült, nachdem sie auch diese geschlürft, sprach er wieder: »Freunde, sehet her! Ich bin der Weiser zum fernen Leben. Liebet ihr mich, so haltet meine Gebote!«

Nun kredenzte er schon die vierte, Nacht herrschte draussen unumschränkt, auf aller Stirnen perlte kühler Schweiss, leicht, Hirn jedoch geriet in Brand, und einer fragte: »Wie sollen wir deine Gebote halten?«

Stille lag gleich Ewigkeit im Raum. Sich immer mehr verklärender Mund des Teemeisters tönte endlich: »Indem ihr nicht klaget!« hiemit machte er die fünfte Schale zurecht, liess sie kreisum gehn, erst hatte er getrunken, dann die Freunde, in jedem von ihnen hatte sich innere Reinigung vollzogen, Schweiss war gewichen, Augen bekamen Glanz, ruhten gepaart auf Stirn Rikyus, in Eintracht versammelt, der nun vorherigen Satz, dunkel, weiter erklärte: »Denn wisset und glaubet, ich habe ein ganz anderes Leben gelebt als ihr und alle, was ich gelebt, kann ich mit Worten nicht deuten, nur fühlen kann ich es selbst dunkel bewusst, darum gehe ich heute ein ins Unbekannte, das mir mit entirdischter Seele schon bekannt, noch ehe ich leiblich geboren, ohne Furcht, voller Vertrauen schreite ich voraus, aber nach mir wird einer kommen, fremd seine Sonne, Schnitt der Augen anders, der wird die Kraft haben, auszusprechen, was ich nicht vermochte, wohl aber er« — und hier ward geschwisterliches Augenpaar im Schauen zeitloser Erleuchtung für Moment glanzlos — »wird gemartert werden für seine Worte. Doch über ihm hat Macht die Vier, auch er kann trotz dem Untergang nicht vergehn, ich bin für immer bei euch!« Seine wie schwächer werdenden Hände schütteten fast den letzten Tee aus der Kanne in die jetzt von einem seltsamen Glorioleschein umstrahlte Schale; es war die sechste Runde, sie ihnen darreichend, sprach er, schon merklich leiser als vorhin: »Darum klaget nicht!«

Und sie tranken, Lippen waren entbittert, Augen, fremd erglänzend, hatten einen matten überirdisch aufdämmernden Strahl, nur der aus des Teemeisters Antlitz war inniger, in ihn schritt mählich Unsterblichkeit ein, die seine Jünger bloss wünschen konnten, früher erlebtes Wunder ward wiederum: Ohren hörten nichts, geräuschlos war Sein.

Nun losch das Feuer unter der Kohlenpfanne, letzter, beinah kalter Tee rann in die Schale, wurde ganz kalt, Rikyu setzte an und trank sie allein leer, denn es war die siebente, die glückliches Tor des ewigen Horeisan erschliesst; als er getrunken, die zwölf andern waren alle unermesslich still, stellte er die Tasse vor sich hin und lächelte geradezu verzückt, durchtobt von dem Wissen, dass hier ganze Welt mit allem Ozean vor ihm stünde und dass, wenn dieser Kelch zerschelle, ganze Welt hinsinken müsse in unendlichem Sterben, dass er damit auch den Taiko treffe — warum kam der bloss in frechfarbenem Gewand, warum zertrat er nur die Zikade, warum? Das wird seine Rache sein: Welt wankt und birst — damit nahm er die Schale in seine hohle, fürsorgliche Hand, zerdrückte sie, dass sie brach, hob die Zertrümmerte zum Mund, wie man vom Quell Wasser mit gewölbten Händen zu nehmen pflegt, und schluckte ihre Splitter, weicher denn Staub. Dann zerriss er sein Prunkgewand und stand im edeln Totenkleid; noch in letzt ausholend menschlicher Güte lächelnd, gab er einem jeden von seinen Freunden, denen die Augensterne schier vergingen, etwas von den Geräten und Stücken des Teeraums, bis er alles verteilt. Nur der kleine Dolch, unscheinbar, blieb auf Matte, wartend.

Nacht draussen atmete kaum.

Jetzt sprach Rikyu mit vergehender Stimme, ohne dass er sich selbst hörte: »Und nun habe ich euch alles gesagt, ehedenn es geschieht, auf dass, wenn es also geschehn sein wird, ihr glaubet, steht auf und lasset uns von hinnen gehn!«

Da erhoben sie sich, traten aus dem von der nahenden Heiligkeit schon durchschwängerten Raum in den morgenden Garten, Sonne riss eine brandrote Gebärde, der Teemeister blieb allein zurück.

Der Jüngste aus ihrer Mitte warf sich draussen im Vorgemach vor die Tür und wartete, bis es vollbracht wäre, drinnen von Rikyu.

Und es ward vollbracht.

Die unendlich grosse, auch unendlich kleine Parabel: Von Vater auf Sohn schloss sich, und Welt: Teeschale, mit Mandorla umglänzt, in ihm auferstanden, geeint, fest, zarter als geheimer Duft der Kirschenblüte am ersten Morgen, trat vor langsam zersehendes Auge, als sein ganzes Gesicht unirdisch glücklich in grösster, sowie fernster Güte lächelte und sein schon lang zum Letzten bereiter Leib in grenzenlosem Vergehen geweihten Dolch hingebungsvoll küsste.

9 789356 901261

Printed at Repro India Ltd.